INGRESOS PASIVOS

La revolución para la libertad

INGRESOS PASIVOS

INDICE

Comenzamos

Qué es el ingreso pasivo

Utilización de los ingresos residuales

Uso de los ingresos apalancados

Usando el Ingreso Activo Apalancado

Uso de la comercialización del Internet

Uso de la comercialización en red

Uso de Bienes Raíces

Uso de los blogs

Establecer metas y tener un plan

La mentalidad necesaria para un ingreso pasivo

Pensamientos finales

INGRESOS PASIVOS

Comenzamos

Cualquier ingreso donde el individuo no tiene que ganar físicamente se llama ingreso pasivo. Esta es, por supuesto, una forma muy atractiva de obtener ingresos y, de hecho, los que tienen la suerte de ganarse la vida de esta manera son muy felices.

El paso a los ingresos pasivos

Generar cargas de camiones de ingresos pasivos y vivir las cuatro horas de trabajo de la semana

Qué es el ingreso pasivo

Actualmente existen algunas formas muy populares y comunes de obtener ingresos pasivos. Escribir una nueva melodía o canción o incluso un jingle y venderlo como propiedad comercial generará unos ingresos pasivos muy lucrativos. Abrir una cuenta de ahorro bancario, es otra forma de conseguir que con sólo ahorrar dinero el individuo obtenga algún tipo de interés residual aunque no es mucho y fluctúa a menudo al capricho y la fantasía de los sistemas bancarios.

Aprenda lo básico

Empezar un negocio de varios niveles es otra manera de generar ingresos pasivos. Hay algunas compañías de varios niveles que no requieren el trabajo estándar de reclutar y vender productos, sino sólo utilizar sus productos. Convertirse en consultor de productos financieros no sólo es una buena fuente pasiva de ingresos, sino también una forma de ampliar la base de clientes.

Para aquellos que tienen un poco más de

dinero de sobra, pueden considerar otro tipo de inversiones que probablemente generen beneficios. Comprar una propiedad y alquilarla ayuda a la persona a pagar el préstamo, por lo que no requiere un compromiso financiero inmediato.

Hay muchas formas innovadoras de ganar dinero con el motor de Internet. Todo lo que se necesita es un poco de tiempo para buscar las herramientas de negocio legítimas. Una de las herramientas más populares es la creación de información propia para libros electrónicos y otras herramientas de venta en línea que requieren quizás cambios de idioma.

En la forma más arriesgada de obtener ingresos pasivos sería invertir en varias acciones y bonos. Sin embargo, los niveles de riesgo son bastante altos y a menudo no valen la pena.

INGRESOS PASIVOS

Utilización de los ingresos residuales

Después de pagar todos los compromisos mensuales, el dinero sobrante se conoce como ingreso residual. Este ingreso puede ser de gran ayuda para un individuo y normalmente está vinculado al grupo de ingresos más establecido. Esta es también la forma en que el sector bancario calcula la probabilidad de otorgar un compromiso de préstamo a sus clientes. Este es un ingreso que también continúa dando mucho más allá del marco de tiempo del primer pago inicial.

Lo que sobra

Hay muchas maneras de tratar de obtener ingresos residuales. Escribir, por ejemplo, es una forma de aventurarse en este campo de la obtención de ingresos residuales.

Si el material de escritura es bueno habría una oportunidad de vender los derechos, y así es con otras vías como escribir un programa de software viable, componer una canción, inventar un gadget y muchas más.

Hacerse famoso como tal vez como actor o cantante, donde todavía se reciben pagos cada vez que se reutiliza el trabajo realizado anteriormente. Cuando esto se hace para otros modos de entretenimiento, dicho artista obtiene un ingreso residual en forma de ciertos porcentajes de la actuación inicial original.

Obtener ingresos residuales de bienes raíces es quizás uno de los estilos más populares de inversión con esta intención en mente. Si se hace bien este tipo de ingresos residuales en el más ideal y rentable.

Otras formas mucho más simples de obtener ingresos residuales incluirían comenzar un plan de ahorros a una edad temprana. Mantener esto diligentemente ayudaría a asegurar una jubilación cómoda en la que los ingresos residuales serían de gran ayuda.

Los mejores tipos de planes de ingresos residuales son normalmente aquellos en los que el individuo tenía total autonomía sobre cómo, dónde y cuándo el producto se utiliza. Al ser capaz de dictar los métodos de uso, el individuo también tiene la última palabra sobre cómo va la promoción general y otros aspectos de la invención.

INGRESOS PASIVOS

Uso de los ingresos apalancados

Esta es quizás una de las formas más beneficiosas de crear la posibilidad de tener un ingreso continuo en un escenario a largo plazo.

Usando el estilo de ingresos de

apalancamiento, el individuo gana más dinero con mucho menos esfuerzo simplemente porque las ganancias obtenidas no sólo son el resultado directo de los propios esfuerzos, sino también de las fuentes añadidas de los esfuerzos de otras personas.

Utilizando

Idealmente, la mayoría de la gente trabaja para tratar de ganar este tipo de ingresos tanto en el corto plazo como en el largo plazo. En sus términos más básicos, los ingresos por apalancamiento permiten que el individuo se concentre en otros esfuerzos una vez que se han iniciado las etapas iníciales de creación y puesta en marcha de un proyecto en particular. Dicho proyecto se deja entonces para generar ingresos sin necesidad de más compromisos diarios particulares por parte del inversor o inventor.

La mayoría de las personas que se sienten cómodas económicamente se han aventurado en este tipo de inversión, con la intención de generar algún tipo de ingreso apalancado. Usar un poco de tiempo y esfuerzo para realizar un proyecto y luego dar un paso atrás a medida que el proyecto finalmente se ejecuta en sí mismo es, de hecho, el escenario perfecto. Por lo tanto, este estilo de apalancamiento de poder adquisitivo le da al individuo la opción de jubilarse temprano y disfrutar de los frutos de su trabajo sin la molestia de tener que supervisar la incursión o tener que estar físicamente involucrado.

Además de los diversos brazos de inversión que pueden ser utilizados para generar ingresos apalancados, la puesta en marcha de una empresa de mercadeo en red o de negocios es también otra de las formas más populares de generar este estilo de ingresos. Esto, por supuesto, requiere un poco de trabajo duro al principio, pero una vez que el negocio esté establecido, ya no habrá necesidad de estar tan involucrado como en las etapas iníciales.

INGRESOS PASIVOS

Usando el Ingreso Activo Apalancado

Los ingresos apalancados activos funcionan con más o menos los mismos principios del formato normal de ingresos apalancados, con una distinción significativa.

En este estilo se requerirá que el individuo sea más práctico y tenga un mayor porcentaje de participación en la etapa inicial y en alguna etapa estancada a lo largo de la incursión.

Acción

El hecho de poder ofrecer un servicio o producto que "sigue dando" a gran escala sería, por supuesto, ideal, por lo que el estudio de un producto o servicio de este tipo puede dar lugar a algunas opciones bastante interesantes y viables.

Algunas de las opciones simples de ingresos apalancados activos incluirían la prestación de servicios en conferencias y seminarios de talleres. También es beneficioso llevar a cabo sesiones de formación para las empresas, ya que el material utilizado ya habría sido diseñado como un formato básico para ser utilizado una y otra vez con sólo unos pocos ajustes que se realizan de vez en cuando.

El diseño de buenos módulos de estudio en el hogar es también otra forma muy rentable de obtener el estilo de ingresos apalancados para ganarse la vida cómodamente. Esto también requiere una inversión inicial de tiempo y esfuerzo que normalmente crea la plataforma para fuentes de ingresos continuos y rentables. Así, al hacerlo, permite que el individuo pueda centrarse en otras posibles incursiones para mejorar aún más la base de ingresos.

Las fórmulas más exitosas utilizadas en el pasado sólo requerían que el individuo se concentrara en el diseño de un producto o servicio que se utilizaría y reutilizaría de manera continua y consistente, creando así los ingresos deseados que eventualmente se convertirían en ingresos apalancados.

Hay básicamente tres tipos de estilos de ingresos apalancados. El estilo de apalancamiento activo, el estilo de apalancamiento pasivo y el estilo de apalancamiento básico.

Todo su estilo requiere un cierto grado de trabajo inicial, pero si se diseña y ejecuta bien, la mano de la participación a largo plazo se puede mantener a un nivel mínimo.

INGRESOS PASIVOS

Uso de la comercialización del Internet

La comercialización del Internet también es referida por varios otros términos tales como marketing digital, web marketing, marketing online, marketing de búsqueda, y e marketing. Todos ellos tienen un estilo de marketing similar con sólo una pequeña diferencia, pero todos tienen la intención principal de hacer dinero.

La Red

Este estilo de comercialización se considera bastante amplio y lucrativo.

Este estilo puede incluir servicios como asistencia creativa y técnica, diseño, desarrollo, publicidad y ventas. Los diversos servicios posibles que la herramienta de marketing en Internet puede proporcionar incluyen el compromiso interactivo del cliente, un proveedor de motores de búsqueda para fines de marketing, una plataforma de anuncios, y muchas otras posibles herramientas de ganancia.

El uso de la herramienta de marketing en Internet puede proporcionar un enfoque uno a uno que no siempre es posible en el escenario del mundo "real".

Este enfoque, aunque bastante amplio y sin una dirección particular, puede ser alcanzado a través del uso de palabras clave que son introducidas por el usuario con el fin de obtener la información o servicio requerido.

El diseño de herramientas de marketing que se supone que atraen a grupos de interés específicos también se hace a través de la ruta de marketing en Internet.

Este estilo creó la plataforma para las conexiones que deben hacerse entre un grupo de segmentos típico y el producto promocionado.

El marketing de nicho realizado a través de la herramienta de marketing en Internet tiene sus méritos. El éxito del estilo es muy exitoso y es ciertamente popular entre aquellas personas que tienen tiempo e interés limitados para navegar por Internet. Por lo tanto, este servicio prestado es muy beneficioso para ellos y muy utilizado también.

Las ventajas de crear un negocio de marketing en Internet tienen muchas ventajas, que van desde los posibles grandes ingresos derivados del ritmo de ocio que uno puede dictar. Sin embargo, nada, por supuesto, viene sin un cierto nivel de esfuerzo para ver el éxito deseado y siendo la herramienta más común de los negocios ahora, bien vale la pena el esfuerzo de investigar.

INGRESOS PASIVOS

Uso de la comercialización en red

Es una forma de marketing de persona a persona, hay una necesidad real de que la gente salga y busque clientes que puedan estar interesados en los productos que se venden. Este método se utiliza cuando se considera mejor que la obtención de cualquier negocio a través de otros métodos como herramientas de marketing fuera de línea y en línea. Aquí el uso de representantes independientes es la clave para el éxito de la incursión empresarial.

Trabajo en red

Las campañas de reclutamiento a menudo se llevan a cabo para tratar de conseguir que las personas se conviertan en agentes o promotores individuales de una empresa. Algunas de estas compañías siguen los estilos de marketing multinivel, mientras que otras sólo necesitan identificar distribuidores potenciales.

El uso del mercadeo en red para crear ingresos residuales es otra forma de proveer una vida más cómoda desde un ángulo financiero. Esta forma de ganar se hace a su propio ritmo y compromiso. Básicamente, cuanto más se trabaje, mejores serán las posibilidades de obtener un mayor ingreso residual. El individuo también tiene el privilegio de decidir con quién y cuándo llevar a cabo cualquier negocio.

Este es un aspecto muy importante para algunas personas que disfrutan conociendo y haciendo nuevos amigos al mismo tiempo que obtienen la ventaja de una fuente de ingresos extra.

Este método también suele implicar muy poca inversión monetaria y tampoco implica un compromiso a largo plazo. La razón por la que la mayoría de la gente opta por probar su mano en el mercadeo en red es debido a la promesa muy lucrativa de una perspectiva de ingresos residuales. Ver el éxito de otros que han logrado alcanzar un estado financiero confortable es un buen punto de referencia para centrarse en la búsqueda de las propias ambiciones de la persona para un ingreso residual bueno y saludable.

Otra cosa interesante a tener en cuenta es que no hay límite de edad para este tipo de esfuerzo.

Uso de Bienes Raíces

Esta es otra forma de crear ingresos residuales sin tener que limitarse demasiado a un estilo particular o a un requisito de compromiso.

La demanda de bienes raíces para crear ingresos residuales está ganando popularidad rápidamente ya que la tasa de éxito y las remuneraciones pueden ser bastante tentadoras.

Bienes inmuebles

Algunos de los factores de "atracción" incluyen la capacidad de controlar los niveles alcanzados en términos de ingresos obtenidos. Es muy raro que se establezcan cuotas o que se obligue a los agentes a cumplirlas.

Sin embargo, para algunos agentes de bienes raíces que están vinculados a ciertas empresas hay varios programas de incentivos que se ponen en marcha para ayudar a generar el impulso para empujar a los agentes a unos estándares de rendimiento más altos.

La creación de la propia seguridad personal con los ingresos residuales de la venta de bienes raíces es también otra razón atractiva para aventurarse en este esfuerzo. Los ingresos que se derivan de este tipo particular de ingresos residuales definitivamente valen la pena para trabajar hacia un plan de jubilación anticipada.

Al tomar la decisión de aventurarse en el estilo inmobiliario de obtener ingresos residuales, la sensación de poder tener algún control sobre las propias prioridades es una ventaja. Esto también permitirá que el individuo practique un sentido de responsabilidad y compromiso para ver el éxito de su incursión en bienes raíces.

También hay algunas ventajas fiscales muy buenas en el uso de bienes raíces para obtener una base de ingresos residuales ordenada. Esto puede reflejarse en el sistema que se utiliza actualmente para fomentar la venta activa de bienes inmuebles. Así al proporcionar las desgravaciones fiscales necesarias, es más probable que la persona trabaje aún más duro para alcanzar un objetivo de ingresos residuales confortable.

Diversificar la capacidad de obtener ingresos residuales sin tener la molestia de tener que establecer una compañía u organización separada es una mejor opción a considerar, ya que la incursión inmobiliaria realmente no requiere estas facilidades.

Uso de los blogs

El uso de este método con el fin de obtener ingresos residuales es una necesidad en este momento. Para aquellos que son conocedores de Internet, esta es una excelente vía para seguir en la empresa de crear ingresos residuales para uno mismo.

Pensar que tener un cierto nivel de

experiencia es algo necesario, no es absoluto ya que todo el mundo tiene que empezar por algún lado. Aprender a utilizar las mejores técnicas disponibles para crear blogs exitosos se relacionará directamente con la cantidad de ingresos residuales derivados.

Registros Web

Para poder lograr un ingreso residual bastante lucrativo de los blogs debe haber una cierta cantidad de compromiso. El éxito de los blogs depende en gran medida de los niveles de interés del individuo y de su capacidad para buscar información relevante con el fin de garantizar que los blogs realizados sean interesantes y cautivadores.

Centrarse en el aspecto promocional de los blogs garantizará la exposición necesaria para que el blog sea lo más visitado posible. La promoción del contenido de uno mismo en un sitio web de redes sociales y el hecho de dejar la información pertinente en la página web asegurará que el blog esté bien conectado. Esto también es crear los porcentajes más altos requeridos cuando hay más tráfico generado a través de sitios de referencia.

La publicación de anuncios en el blog de la persona también proporcionará una fuente de ingresos, ya que la persona está en condiciones de cobrar por los anuncios. Esto sólo es aplicable si el tráfico a dicho sitio de blog es mucho, por lo tanto, habrá muchas otras personas o empresas dispuestas a pagar por aparecer como anuncios en el sitio del blog, con la intención de que a su vez traiga tráfico a sus sitios también.

INGRESOS PASIVOS

Conseguir que otras personas escriban cosas interesantes que luego se presentan en el propio blog del individuo es una muy buena manera de mantener el blog interesante y diversificado.

Establecer metas y tener un plan

Los planes y los objetivos van de la mano, sin uno el otro es redundante.

Tener estos dos elementos muy presentes en la vida de una persona es la clave para mantenerse enfocado en obtener mejores condiciones de vida en cada paso hacia el futuro.

Algunas sugerencias

En la mayoría de los escenarios el dinero juega un papel importante en ser el factor motivador que empuja al individuo. Los niveles de motivación de un individuo son, de hecho, lo que impulsa el esfuerzo a los niveles de éxito alcanzados.

Como la mayoría de la gente hoy en día está buscando maneras más fáciles de hacer dinero, el nacimiento de muchos nuevos esfuerzos parecen ser casi diarios. Cada vez se están ideando más y más formas creativas con la intención principal de ganar dinero lo más rápido y lo más rápido posible.

Una vez que un individuo se ha decidido por una meta, el siguiente paso sería idear un plan adecuado para alcanzarla con éxito. Puntos como la comerciabilidad, los niveles de compromiso, las inversiones financieras, la mano de obra son sólo algunas de las cosas que hay que tener en cuenta a la hora de elaborar los planes.

Los plazos también son otra cuestión muy importante que hay que tener en cuenta al hacer planes para alcanzar el objetivo. La mayoría de los objetivos pueden alcanzarse con un cierto grado de compromiso, pero para asegurar que no se pierda el entusiasmo inicial, se debe establecer un marco temporal adecuado. Esto no sólo asegurará que se logre el objetivo, sino que también mantendrá el enfoque individual en alcanzarlo rápidamente.

Tomarse el tiempo para considerar seriamente las ambiciones del individuo ayudará a tener una idea más clara de cuáles deben ser los objetivos y planes. Identificar esto es lo más importante para asegurar que el plan y las metas se trabajen y se terminen con éxito. Conocer las propias capacidades y ser realista a la hora de decidir los objetivos y planes es también una forma de ser sabio y prudente.

La mentalidad necesaria para un ingreso pasivo

Aquellas personas que se han aventurado con éxito en el estilo de ingresos pasivos de crear un ingreso para sí mismos se han dado cuenta de que tienen una mentalidad muy diferente a la del individuo promedio.

Estas personas son normalmente impulsadas por la ambición y el dinero y harán todo lo posible para lograr ambas cosas. En la búsqueda de lograr el ingreso residual deseado a través de medios pasivos, el individuo necesita estar dispuesto a intentar cualquier tipo de esfuerzo.

Lo que usted necesita

Por lo general, el individuo que elige proporcionar ingresos residuales para sí mismo a través del estilo de ingresos pasivos son las personas que están muy centradas y con una mentalidad positiva. El fuerte estado de ánimo positivo es casi un prerrequisito para mantener al individuo en el camino hacia el éxito.

Ser esperanzado es también otro atributo que se necesita para este tipo de esfuerzo. Debido a que este estilo de ingresos residuales no tiene la presión de tener que responder a los superiores por no lograr una cierta cantidad de negocios, el individuo tiene que tener todos los atributos positivos necesarios para ser capaz de empujarse a sí mismo al siguiente nivel.

Esto es especialmente necesario cuando los niveles de energía son bajos y junto con el hecho de que tal vez haya una falta de logros visibles que son evidentes.

Pensamientos finales

Hay muchos emprendedores que han elegido aventurarse en este tipo de atrasos de ingresos. La mayoría de ellos ya tienen el empuje y la meta de ser un éxito firmemente en su lugar y todo lo que necesitan es ser capaces de identificar el esfuerzo relevante que proveerá lo que ellos desean.

Siempre están alertas a cualquier vía posible que les permita crear un escenario de ingresos residuales saludables. Estar siempre al tanto también asegurará que estén muy conscientes de las posibilidades que tienen a su disposición.

Visita nuestra página de autores en Amazon! ¡Y consigue más MENTES LIBRES!

http://amazon.com/author/menteslibres

Si lo deseas, puedes dejar tu comentario sobre este libro haciendo clic en el siguiente enlace para que podamos seguir creciendo! ¡Muchas gracias por tu compra!

https://www.amazon.com/dp/B082RGSJ6C

www.ingramcontent.com/pod-product-compliance
Lightning Source LLC
Chambersburg PA
CBHW040249220526
45473CB00001B/427